LES

ZOUAVES PONTIFICAUX

EN FRANCE.

3e SÉRIE IN-8o.

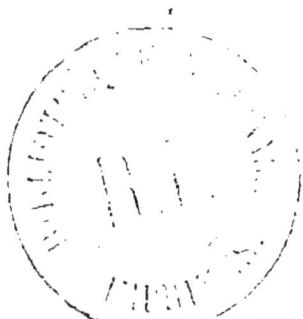

LES
ZOUAVES PONTIFICAUX

EN FRANCE

PAR JULES DELMAS

DEUXIÈME ÉDITION, REVUE ET AUGMENTÉE.

Potiùs mori quàm fœdari.

LIMOGES

EUGÈNE ARDANT ET C. THIBAUT
ÉDITEURS.

A NOTRE-DAME DE ROCAMADOUR.

—

Dans ce sanctuaire, ô ma Mère, après avoir remis au fourreau un glaive que mon faible bras ne pouvait plus porter, je vous ai promis de défendre avec la plume la cause du bien-aimé Pie IX, la cause de votre divin Fils.

Il est bien juste que je dépose à vos pieds mes premiers essais.

Si je devais un jour renier mon Dieu, renier ma Mère, ah ! je préférerais mourir !

Mais Vous ne me délaisserez pas, Vous, ma Mère, qui m'avez toujours protégé. Vous aiderez votre enfant dans la voie difficile et pénible de la vérité et de la justice, Vous lui donnerez les joies de la liberté, je veux dire de l'innocence.

Votre indigne enfant,

J. D.

PRÉFACE.

—

Pour sauver la France, pour lui rendre son rang parmi les autres nations, il faut, disent beaucoup de gens, décréter l'instruction obligatoire. Selon d'autres, il est nécessaire de modifier nos armements et notre système militaire. Pauvres gens !

On a beau savoir lire et écrire, on a beau posséder la meilleure organisation et les engins de guerre les plus formidables et les plus utiles, si le cœur ne connaît plus les douces et nobles attractions du devoir et du sacrifice.

Pour assurer à notre malheureuse France le bonheur qu'elle poursuit en vain depuis 1789, il faut donner Dieu à ce peuple, qui ne comprend que luxe, boisson, souillures, à ce peuple qui s'amuse sur un navire qui sombre.

Le devoir des chrétiens augmente en raison directe du mal. Il faut que chacun de nous prenne les armes de l'apostolat et se souvienne que la vie n'est que l'arène du mérite.

« Vous ai-je dit jamais que ce siècle était fait pour vous enivrer de caresses, de mollesse et d'orgueil? — Non, vous n'avez pas été faits chrétiens pour fleurir dans ce siècle : Numquid christianus factus es, ut in sæculo isto floreres?.....

» Parce que nous aimons plus que qui ce soit notre patrie, il faut, par amour pour cette chère patrie de la terre, consa-

crer tout notre dévouement et toutes les forces de notre âme à en faire disparaître tout ce qui serait une tache à son front. Il faut la vouloir et la faire, autant que nous le pouvons, belle, pure, glorieuse, sans tache! » (1)

Plusieurs journaux m'ont fourni la plupart des matières de ce livre. Mon seul mérite est de les avoir ordonnées.

Puisse ce travail contribuer à faire aimer la vérité, à faire adorer ce qu'on a brûlé, et à faire brûler ce qu'on a adoré.

(1) *Mgr Dupanloup.*

LES

ZOUAVES PONTIFICAUX.

CAMPAGNE DE FRANCE.

Que de gens, hélas! dans leur haute sagesse, disent ce qu'un journaliste écrivait naguère :

« Ce Pape dépouillé de son domaine temporel, demeurant pourtant le maître spirituel de millions de chrétiens, ne vous paraît-il pas aussi vénérable sous cet aspect que sous celui de souverain d'un petit Etat convoité, battant une monnaie qui perdait au change, fondant des canons et recrutant des soldats qui n'ont pas su le défendre. »

Ce journaliste et ces gens ont raison. Ils
étaient plus vénérables aussi ces Papes dé-
chirés par le fer ou livrés aux bêtes féroces,
sous les empereurs romains; la possession
paisible d'une couronne ne leur aurait pas
attiré tant de respect et d'amour. Pie IX est
plus vénérable encore : son martyre dure
depuis vingt-cinq ans, et ses tortures mo-
rales, plus cruelles que celles du fer et de la
bête, augmentent chaque jour. Il est le
captif de ce roi de Turin dont la révolution
se sert pour arriver à ses fins et dont elle se
débarrassera quand elle n'en aura plus besoin. Et ce jour approche : Victor-Emmanuel est au Capitole, mais la roche tar-
péïenne n'est pas loin; ainsi le veut la justice divine. Pie IX, dis-je, est le captif de
ces Piémontais qui savent trouver de faus-
ses clefs; il est le captif de ces milliers de
Garibaldiens qui, chaque jour, souillent
de leurs crimes les rues de Rome. Nul par-

ticulier n'y est en sûreté dans ses biens; les ordres religieux sont arrachés de leurs couvents; les prêtres ne peuvent qu'avec peine exercer leur saint ministère : ils sont dépouillés, frappés, quelquefois assassinés, et Pie IX lui-même peut être massacré d'un moment à l'autre. On peut tout attendre de ceux qui résolurent de faire sauter Saint-Pierre; de ceux qui étendirent sans vie, aux pieds de Pie IX, Mgr Palma; de ceux qui criaient tout récemment sur la place du Vatican : « *Morte al Papa.* »

C'est donc là la liberté que vous réclamez pour le Souverain de tant de conciences? Et vous approuvez à Rome ce que vous détestez à Paris! Mais, de quel droit, je vous le demande, les étrangers s'occupent-ils de nos affaires? Nous, catholiques, nous voulons conserver notre bien, ce domaine de l'Eglise dont nos ancêtres ont confié la garde au Souverain Pontife.

Le Pape, dites-vous, battait une monnaie qui perdait au change. C'est une infamie de parler ainsi : il a été prouvé que la valeur de la monnaie pontificale est celle de la monnaie française. Je ne dirai rien de ceux qui provoquèrent la mesure inique que l'on sait.

Ils veulent faire croire, ces gens, que le Pape ne s'occupait que d'engins de guerre. Il n'y avait dans les Etats de l'Eglise ni manufactures d'armes ni fonderies de canons : quelques petites pièces seulement défendaient Rome.

Ils osent dire que les soldats pontificaux n'ont pas su défendre leur Souverain. Ils disent cela de ceux qui, au nombre de cent cinquante, contenaient à Artenay, pendant trois heures, tous les efforts de l'ennemi et protégeaient notre retraite compromise; ils disent cela de ceux qui sauvaient l'honneur de la France à Loigny et méritaient

au Mans ces éloges du général Gougeard :
« Zouaves ! vous êtes des braves : vous avez
sauvé l'armée. »

Qu'ils se souviennent de Castelfidardo,
où les Zouaves, livrés par Napoléon, su-
rent témoigner de leurs titres de Français
et de chrétiens; qu'ils se souviennent de
Monte-Libretti, où ils luttèrent avec avantage quatre-vingt-dix-sept contre douze
cents. Et à Mentana ils s'attirèrent l'admiration de nos troupes. En dernier lieu, ne
défendirent-ils pas, pendant quatre heures,
contre des forces dix fois supérieures, de
bien faibles remparts? Et ces braves qui
préféraient la mort à la capitulation dépo-
sèrent les armes pour obéir à Pie IX !

Afin d'éviter l'effusion du sang, le Saint-
Père fit arborer le drapeau blanc, et les soldats de Victor-Emmanuel pénétrèrent dans
la capitale des Etats de l'Eglise.

Pie IX avait adressé la lettre suivante au

général Kanzler, pro-ministre des armes,
qui devait l'ouvrir dès la première brèche
aux remparts :

« Général,

» Au moment où l'injustice la plus
énorme et un grand sacrilége vont être con-
sommés, et où la troupe d'un roi catholique, sans aucune provocation, bien plus,
sans la moindre apparence d'un motif quel-
conque, assiége et investit de toutes parts
la capitale de l'Univers catholique, j'éprouve
tout d'abord le besoin de vous remercier,
général, vous et toute votre troupe, de la
conduite si généreuse tenue jusqu'à ce jour,
de l'attachement que vous n'avez cessé de
montrer au Saint-Siége, et de la volonté de
vous consacrer entièrement à la défense de
cette métropole.

» Que ces paroles soient comme un do-
cument solennel qui atteste de la disci-

pline, de la loyauté et de la valeur de la troupe au service du Saint-Siége.

» Quant à la durée de la défense, je crois de mon devoir d'ordonner qu'elle se borne à une protestation propre à constater la violence, et rien de plus, c'est-à-dire à ouvrir des négociations pour la reddition, dès que la brèche sera ouverte.

» En un moment où l'Europe entière pleure les innombrables victimes qui sont la conséquence d'une guerre entre deux grandes nations, qu'on ne puisse jamais dire que le vicaire de Jésus-Christ ait consenti, quoique injustement attaqué, à une grande effusion de sang.

» Notre cause est celle de Dieu, et nous mettons notre défense tout entière entre ses mains.

» Je vous bénis de nouveau, monsieur le général, ainsi que toute notre troupe.

» Du Vatican, le 19 septembre 1870.

» PIE IX. »

Le régiment tout entier, composé de quatre mille hommes, voulait venir au secours de la France; mais la reconnaissante Italie en décidait autrement. Les Français seuls purent se rendre à Tarascon, sous le commandement du lieutenant-colonel de Charette.

Le baron Athanase de Charette, aujourd'hui général, a trente-neuf ans. Marié avec une demoiselle de Fitz-James, il est demeuré veuf avec deux enfants. Vrai grand seigneur, bien que les Charette fussent de simples gentilshommes avant la Révolution, il tient table ouverte chez lui. Il ne thésaurisera pas, quelles que soient les positions où puisse le conduire la fortune. Le comte de Chambord l'appela un jour « son meilleur ami. »

Du courage d'un Charette on n'en parle pas. A Castelfidardo il fut emporté du champ de bataille, où il avait reçu deux blessures. Comme les guerriers antiques, il avait ouvert la mêlée par un combat singulier entre les deux fronts d'armée, combat dans lequel il appliqua un magnifique coup de sabre à un officier piémontais, qu'il reconnut alors pour un de ses camarades de l'école militaire de Turin.

A l'affaire de Nérola, l'intrépide Charette, après avoir battu les Garibaldiens, provoqua Menotti à un combat singulier, pour en finir d'un seul coup ; mais le fils de l'*illustre ganache* refusa, prétextant qu'il ne voulait pas se battre avec un étranger.

Au pied de la Vigna-Santucci que défendaient les Garibaldiens à Mentana, les balles pleuvaient si dru que les Zouaves parurent un instant déconcertés. Aussitôt le lieutenant-colonel s'élança, et agitant le bonnet rouge d'un chef garibaldien qu'il avait mis hors de combat : « En avant, les

Zouaves! » s'écria-t-il, « ou je vais me faire tuer sans vous. »

Le R. P. Vincent de Paul écrivait à un de ses amis, le 20 novembre 1867 :

« Je viens de dire ma messe dans une toute petite église : à mon action de grâces je m'aperçus que j'avais pour voisin un uniforme de Zouave. C'était le lieutenant-colonel de Charette. Il me dit bonjour, de ce ton dégagé et ouvert dont il ne se départit jamais, et se mit à prier. Il y a deux jours, dans une fête magnifique donnée par les officiers de l'armée française, il a été traité en héros, en triomphateur, et personne ne paraissait jaloux !

» Douze ou treize jours avant, il restait plusieurs heures sous un feu meurtrier qui criblait de balles son pauvre cheval. Entre la victoire et la fête brillante, je le vis pleurer longtemps dans le petit oratoire qu'il

a fait creuser aux catacombes de Saint-
Laurent, entre deux cerceuils, ceux de
deux frères, ses compagnons d'armes, dont
il avait fait déposer les restes, provisoire-
ment, auprès de sa jeune femme.

» Tout ce qui est grand et beau s'allie
dans cette nature si noble! Voilà le moule
où il faut se couler pour reformer une jeu-
nesse chrétienne et française. Ah! si la jeu-
nesse de France pouvait comprendre tant de
grandeur et mépriser tous ces amoindrisse-
ments auxquels la réduisent tant de préju-
gés trompeurs de notre époque! »

Le baron de Charette comptait cinq frères parmi ses soldats: l'un d'eux, Ferdinand, fut blessé comme son aîné au combat de Loigny.

Formés à l'école de la vertu et de l'héroïsme, les Zouaves étaient dignes de leur
chef.

« Pendant toute la durée de leur séjour à Tarascon, » écrivait le *Courrier du Gard*, « les Zouaves Pontificaux ont donné un exemple qui peut être proposé à bien d'autres corps : ils allaient à la messe, c'est vrai, mais ils étaient sobres; beaucoup d'entre eux sont riches ou nobles, mais ils obéissent à leurs chefs; ils ne chantent pas à tue-tête la *Marseillaise* ou le *Chant du Départ*, mais ils partent volontairement. Ils ne se débanderont certainement pas au premier coup de fusil, et le *Courrier du Gard*, qui ne peut être soupçonné de nourrir pour les Zouaves Pontificaux une tendresse exagérée, mais qui s'efforce de rendre justice à tous, sera heureux d'enregistrer leurs hauts faits. »

Les Zouaves Pontificaux se formèrent à Tarascon; ils durent changer leur titre contre celui de *Volontaires de l'Ouest.*

La délégation de Tours voulut bien ac-

cepter leurs services, mais elle se garda de
rendre à leur renommée et à leurs blessures ces honneurs royaux qu'elle allait accorder à la chemise rouge et aux rhumatis-
mes de Garibaldi. M. de Charette put attendre à la porte de MM. Glais-Bizoin et
Crémieux, nous n'en savons rien; mais à
coup sûr nos délégués républicains ne firent
pas antichambre chez M. de Charette,
comme plus tard à l'hôtel où descendit le
général *Fuit toujours* (1).

Entre les Garibaldiens et les Zouaves il
y eut encore ce contraste, que les premiers
commencèrent leurs exploits par le sac des
communautés et des églises, tandis que les
seconds, à peine débarqués, marchèrent
contre les Prussiens.

Ils les rencontrèrent pour la première
fois, dans la journée du 11 octobre, aux

---

(1) C'est ainsi que le 2ᵉ chasseurs à pied avait bap-
tisé Garibaldi après la bataille de Mentana.

environs d'Orléans, menacé et laissé, pour
ainsi dire, sous la garde de la statue de
Jeanne d'Arc, glorieux souvenir, mais im-
puissant à retenir des barbares. Des troupes rassemblées à la hâte, mal exercées,
ou déjà démoralisées par la défaite, et une
artillerie dont les pièces importantes arri-
vèrent trop tard pour servir, voilà toute la
défense!

C'était l'armée de la Loire en formation.

La bravoure du général de la Motte-
rouge, son commandant en chef, et les dé-
crets de M. Gambetta, ne pouvaient la trans-
former d'un jour à l'autre en rivale sérieuse
des Prussiens victorieux. Elle ne tint pas
contre les batteries ennemies, toujours formidables, et son général, voulant la sauver, dut commander la retraite. La légion
étrangère et quelques compagnies de Zouaves furent chargées de la couvrir. A force
de se multiplier sur un point et sur un au-

tre, elles réussirent dans leur mission; au prix de quels efforts et de quelles pertes, l'histoire le dira ! Sur quinze cents soldats la légion étrangère perdit un millier d'hommes. Quant aux Zouaves, ils se battirent trois heures durant, cent cinquante au plus, contre deux à trois mille Prussiens. Ils étaient échelonnés en tirailleurs, de quinze à cinquante pas d'intervalle, dans le bois le plus fourré. « On se fusillait à bout portant, » raconte un témoin, « au milieu des cris sauvages poussés par les troupes de la garde royale. »

« Vous avez appris comment, » disait dans une de ses lettres le R. P. de Gerlache, « dès les premiers jours du mois d'octobre, trois compagnies de Zouaves Pontificaux s'étaient valeureusement conduites à l'affaire d'Arthenay, dirigées par M. Le Gonidec. Ce noyau de braves et les cadres du régiment furent transportés au Mans, où bientôt accoururent de toutes les parties de la France des centaines de jeunes gens, désireux de défendre leur patrie sous la bannière de la foi. Anciens Zouaves de Castelfidardo, du camp d'Anagni ou de Mentana, mobiles, gardes nationaux, chacun était heureux d'apporter à la patrie menacée le tribut de dévouement qu'il avait donné à l'Eglise, ou de combattre en France avec les mêmes convictions qu'il eût montrées sous les murs de Rome. Dans les premiers jours de novembre, deux bataillons de six compagnies chacun furent suffisamment armés et exercés pour entrer en campagne ; un troisième bataillon devait demeurer au Mans pour recevoir les nouvelles recrues et les former. C'était le moment où le général d'Aurelles de Paladines exécutait un mouvement sur Orléans. Nous partîmes du Mans dans la nuit du 9 novembre, accompagnés par 25 éclaireurs, commandés par M. du Tilleul, ancien capitaine aux dragons pontificaux, et nous arrivâmes par le chemin de fer à Nogent-le-Rotrou, vers sept heures du matin. Le premier bataillon était commandé par M. de Montcuit, le second, par M. Le Gonidec, tous deux sous la direction de M. de Charette et de M. le lieutenant-colonel de Troussures.

» Vers huit heures et demie, la colonne se mit en marche sur la route de Châteaudun. C'était la première fois que marchait à l'ennemi, en France, ce régiment de Zouaves dont on s'était tant préoccupé, pendant dix ans, sur la terre d'Italie, et l'impression qu'il faisait à ceux qui le regardaient sur son passage était à la hauteur de son passé et de sa réputation. Tout à la fois sérieux, allègres, gais et réfléchis, les Zouaves s'avançaient d'un pas régulier et modeste; leur allure martiale et humble séduisait ceux qui s'étaient hâtés de venir les examiner. Comme nous sortions de Nogent-le-Rotrou, je remarquai, devant un café, un groupe d'hommes appartenant à la classe dite lettrée. Un profond sentiment de curiosité et d'intérêt était peint sur leur visage, et quand les derniers Zouaves passèrent devant eux, j'entendis cette exclamation sortir de leur bouche : « Je vous réponds, mes amis, que ceux-là ne reculeront pas devant l'ennemi. » C'était, en effet, un beau spectacle de voir, confondus sous une commune livrée, des jeunes gens qui venaient de quitter les bancs de l'école, un Montalembert, un Poulpiquet, un Blondel, un La Roche-Macé et le vieux marquis de Coislin, qui servait déjà glorieusement son pays avant 1830. Les volontaires étaient fiers de marcher sous les ordres de M. de Charette, qui les avait organisés avec autant de foi que de modestie, ces deux grandes garanties du succès. »

Du Mans, on adressait ces lignes à la *Semaine liturgique* de Poitiers :

« Notre brave légion des Zouaves Pontificaux se renforce chaque jour. Elle se divise en trois bataillons. C'est merveille de voir la rapidité des progrès que font les recrues. Il est beau de voir tous les âges, tous les rangs confondus dans le dévouement qui les élève tous au même niveau. Il y a plus d'un enfant qui n'a pas plus de 15 à 16 ans, et il y a un vieillard de 60 ans, un autre de 66 ans. Chaque soir, après l'appel, tous sont invités à la bénédiction du Très-Saint Sacrement, qui se donne exprès pour eux. Cet exercice est libre, mais il n'y a guère que ceux qui se sont épuisés par les corvées ou les gardes de la journée qui se dispensent d'y assister. »

Malgré tous nos désastres, les Zouaves Pontificaux continuèrent à faire leur devoir et à sacrifier leurs vies, peut-être sans beaucoup d'espérance, mais avec une ardeur surnaturelle. Tandis que d'autres soldats se laissaient aller au découragement, ils semblaient cuirassés contre ses atteintes. Les premiers chrétiens ne marchaient pas plus joyeusement au martyre que les Zouaves Pontificaux à la mort. C'est qu'ils entrevoyaient devant eux, à travers la souffrance, une autre vie et une autre gloire que la gloire et la vie terrestres. Qu'ils fussent défaits ou victorieux contre les Prussiens, ils savaient triompher dans l'éternité de la mort par leurs vertus; que dis-je? ils savaient triompher dans le temps de la colère de Dieu par leur sang versé en sacrifice. Dieu a-t-il jamais résisté longtemps aux prières et aux sacrifices de son peuple coupable mais repentant?

Voilà le principal secret du courage iné-
branlable de mes Zouaves, et voilà aussi la
preuve que la religion ne fait pas seulement de bons prêtres, mais les bons soldats
et les héros dans toutes les carrières.

Un admirateur de leur bravoure, le général de Sonis, l'avait compris et le fit
comprendre à tous, au combat de Brou.

Un corps de soldats de l'armée française,
parmi lesquels un bataillon de Zouaves
Pontificaux et un détachement de marins,
venait de remporter sous ses ordres un
brillant avantage. Ils avaient pris deux
villages, enlevé plusieurs canons, fait plus
de cinq cents prisonniers et poursuivi l'ennemi pendant cinq lieues.

Après le combat et sous le coup de son
émotion, le général embrassa le brave colonel de Charette en s'écriant : « Vive
Pie IX ! » (1)

(1) Le Gouvello.

A Loigny, les Zouaves se montrèrent plus admirables encore, s'il est possible, sous les yeux du même général.

Le 2 décembre, à trois heures du matin, le général de Sonis, le colonel de Charette et la plupart des Zouaves des deux premiers bataillons communiaient dans la petite église de Saint-Péravy et se mettaient en marche, une heure plus tard, pour aller camper au sud du bourg de Patay. Le 3ᵉ bataillon avait été retenu par le général Jaurès et dirigé sur Saint-Calais.

Bien que des engagements eussent eu lieu depuis le 28 novembre entre l'armée française et l'armée prussienne, sur une ligne de plus de 28 kilomètres, la journée du 2 décembre présenta un caractère particulier d'ensemble et eut des conséquences plus décisives. Des ordres impérieux venus de Tours prescrivaient d'opérer dans la direction de Thoury pour faire la jonction avec l'ar-

mée du général Ducrot, que l'on croyait à
Etampes.

Le premier bataillon se dirigea, par la
route de Terminiers, vers Faverolles et
Villepion; le deuxième fut envoyé sur la
gauche, au nord-est de Guillonville. Il était
plus de trois heures quand le général de
Sonis, apprenant les mauvaises nouvelles
qui lui arrivaient du 15e et du 16e corps,
chercha à entraîner les troupes qui lui
étaient confiées, et à percer les lignes prussiennes, en reprenant le village de Loigny.
Aussi chevaleresque que chrétien, le général de Sonis se rappelait qu'à cet endroit
Jeanne d'Arc avait vaincu les envahisseurs
de la France; mais le Dieu des armées, en
lui refusant une victoire sur ce champ cé-
lèbre, opéra dans le cœur de ces deux cents
jeunes gens qui sont tombés à son commandement, baignés dans leur sang, un
miracle plus précieux que le triomphe des

bataillons : le miracle de la patience, de la
confiance en Dieu et de la joie dans le sacrifice. Le général, n'ayant pas obtenu
d'un régiment de marche la valeur qu'il
désirait, arriva au colonel de Charette, les
yeux pleins de larmes; et, crispant les rê-
nes de son cheval, il lui dit : « O vous, au
moins, mon colonel, vous et vos soldats,
vous ne m'abandonnerez pas comme ceux-
là. » A peine avait-il dit ces mots, que de
toutes les poitrines des officiers comme des
soldats s'échappa le même cri d'honneur :
« Non, non! en avant. Vive Pie IX! Vive
la France! » Le général embrassa alors
M. de Charette, serra la main à M. de Troussures, à M. du Ferron, à M. de Montcuit et
à ses aides-de-camp, et partit, suivi par
les Zouaves (trois cent cinquante), aux cris
de : « Vive Pie IX! Vive la France! »

De Villepion, position que quittaient les
Zouaves, s'étend vers Loigny, sur un es-

pace de deux kilomètres environ, une plaine
nue mais un peu ondulée. Au-delà de cette
plaine se trouve un petit bois quadrangu-
laire, long de trois cents mètres et large de
trente. Ce bois est à deux cents mètres de
Loigny, qui est un gros village bien bâti,
avec des jardins autour des maisons, et qui
présente de ce côté une véritable position
défensive. Une division tout entière d'Allemands occupait les abords de Loigny, ainsi
que le bois.

Malgré leur petit nombre, les Zouaves,
soutenus par les mobiles des Côtes-du-
Nord, et par les francs-tireurs de Tours et
de Blidah, s'avancèrent résolument. Arri-
vés à la portée des Prussiens, ils ouvrirent
le feu en tirailleurs, mais celui de l'ennemi
était tellement supérieur, qu'ordre fut donné
de ne plus tirer et de se porter en avant à
la baïonnette.

C'était un spectacle magnifique que ce-

lui que présentaient tous ces braves s'avan-
çant au pas gymnastique, comme à la pa-
rade, en ligne avec leur drapeau, sans dai-
gner répondre par un seul coup de fusil au
feu effroyable des ennemis.

L'attaque fut irrésistible. C'est alors
qu'eut lieu une de ces vigoureuses charges
à la baïonnette, si redoutées par les ennemis de la France. Les Prussiens épouvan-
tés s'enfuyaient en jetant leurs armes. Ils
furent poursuivis, l'épée dans les reins,
jusqu'au village, où les Zouaves s'emparè-
rent d'une vingtaine de maisons.

Des coups les plus graves et à jamais
irréparables venaient de frapper ce beau
régiment. Le général de Sonis, à la tête de
son état-major, avait été atteint d'une balle
à la jambe et gisait près du bois, sans
qu'aucun autre général prît le commandement du corps. Le drapeau portant l'image
du Sacré-Cœur de Jésus était confié au

chevaleresque Henri de Verthamon, qui
avait abandonné sa jeune femme et ses
deux enfants pour venir servir son pays,
comme il avait, jusqu'à la dernière heure,
servi le Saint-Père. Une balle l'atteint à la
poitrine ; il se relève et ne lâche son précieux dépôt que lorsqu'il est frappé par un
second projectile. L'étendard, baigné de
sang, est successivement repris par les
deux Bouillé, par M. de Cazenove et par le
jeune Le Parmentier. Le lieutenant-colonel
de Troussures, cet officier si intelligent et
si instruit, qui portait si haut l'honneur du
régiment, est mortellement atteint en pleine
poitrine. Le commandant de Montcuit est
frappé d'une balle dans cette partie du bras
gauche que lui avait laissée l'amputation
faite après Castelfidardo ; le capitaine adju-
dant-major Bertrand du Ferron a la cuisse
atteinte par une balle ; l'aide-de-camp du
général de Sonis reçoit trois blessures :

l'état-major avait glorieusement payé la
dette de la bravoure et du sang. Quant aux
compagnies, les officiers n'avaient pas été
plus épargnés : outre M. de Gastebois,
frappé de mort par trois balles, le capitaine
du Reau avait été gravement atteint; le
lieutenant du Bois-Chevalier était couvert
de blessures; le lieutenant Paul de la Bé-
gassière avait le côté gauche traversé par
une balle; le lieutenant Robert Wetch portait une grave lésion à la tête, et le lieutenant Ferdinand de Charette avait la jambe
traversée.

C'est dans ces douloureuses conditions
que le village fut emporté par nos Zouaves,
vers cinq heures du soir, à la nuit tom-
bante. C'eût été le moment de les soutenir.
Les officiers prussiens purent bientôt compter leurs ennemis. Ils rallièrent à grands
cris leurs soldats et appelèrent leurs réser-
ves. Le colonel de Charette se vit assailli

par des forces tellement supérieures qu'il dut ordonner la retraite. Ce héros, que l'univers chrétien chérit et admire, avait prévu ce qui arrivait, son rapport l'atteste.

« Après avoir dépassé la ligne du 45ᵉ de marche, dit-il, je m'aperçus bien vite que la lutte était par trop disproportionnée, et je cherchai le général pour demander des ordres. Je m'aperçus qu'il était blessé. Au même instant, le commandant de Troussures tombait avec son cheval, et le mien était tué. Cela me fit perdre un peu de temps, et je ne pus arrêter mes hommes dans le bois comme j'en avais l'intention. »

Alors commença, pour le bataillon des Zouaves, cette scène d'extermination plus héroïque encore que l'attaque à la baïonnette : tout-à-l'heure il n'avait fallu que le courage des hommes d'honneur; ici, il faut la résignation des martyrs.

La nuit arrivait, mais les lignes enne-

mies sont nombreuses, et à chaque moment
elles augmentent. Une fusillade, soutenue
pendant une heure entière, est dirigée sur
nos soldats, qui se retirent séparément,
mornes, silencieux, désespérés. En voyant
tomber à côté d'eux leurs camarades, ils se
disent que dans quelques minutes ils se-
ront aussi devant Dieu; ils n'en font que
plus courageusement leur devoir. Le sergent Quéré, un brave Breton blessé à Castelfidardo, est étendu raide mort par une
balle; le lieutenant Henri de Bellevue reçoit cinq balles dans ses vêtements, tandis
que son cousin Jean de Bellevue est atteint
d'une blessure grave à la poitrine; le sous-
lieutenant Garnier voit trois balles sillon-
ner ses vêtements sans le toucher lui-
même. Tous ces jeunes gens s'avancent
sous la mort qui passe à chaque instant sur
leur tête; leur cœur est navré par le spectacle de leurs officiers blessés pendant l'at-

taque et déposés à l'angle du bois, en proie
à de cruelles souffrances, et ils ne peuvent
avoir-la consolation de les emmener avec
eux. Le colonel de Charette, épuisé par la
blessure qu'il avait reçue à la prise de Loigny, vint s'asseoir dans ce bois, sur le bord
d'un fossé. Quelques Zouaves s'empressè-
rent autour de leur chef et essayèrent de
l'emporter. Il refusa : « Non, mes amis,
dit-il, non : à quoi bon vous faire tuer? Je
suis bien ici, et vous, allez encore vous
battre pour la France... » Il était sept heures environ quand les premières compagnies rentrèrent à Patay, où le deuxième
bataillon était déjà revenu.

Deux cents hommes manquaient à l'appel, entr'autres les sergents Armand du
Bourg, de la Celle, de Maquillé, de Fo-
resta, de Villebois, Lemaître, de Villema-
rest, de la Peyrade, Laurier, Serio, ancien
soldat de Gaëte, Charrier, de Vezins; les

Zouaves de Richemond, Adolphe du Ferron, de la Mallerie, de l'Esparda, de La-
grange, Dupré, de Grille, etc.

Malgré le désastre du 2 décembre, l'effet
produit sur l'armée de la Loire par le courage des Zouaves Pontificaux a été profond.
Un jeune officier de cavalerie, qui avait
reçu trois blessures au combat de Patay,
disait : « Je regarderai toujours, malgré
notre défaite, cette journée comme une des
plus belles de ma carrière militaire, parce
que j'ai eu l'honneur de combattre à côté
des Zouaves Pontificaux. Ce sont les premiers fantassins du monde. »

Les mobiles des Côtes-du-Nord, qui
comptaient parmi leurs officiers d'anciens
Zouaves Pontificaux, se battirent bravement comme de vieilles troupes, ainsi que
les francs-tireurs de Tours et de Blidah.

Le colonel de Charette, ainsi que plu-

sieurs autres, fut porté chez M. l'abbé
Theuré, curé de Loigny. Ce bon curé li-
vrait avec bonheur tout ce qu'il possédait
pour soulager tant de souffrances.

M. de Charette ne pouvant parcourir
lui-même le champ de bataille pour reconnaître ses Zouaves, fit rechercher les officiers tués. On lui apporta le commandant
de Troussures, le capitaine de Gastebois, le
lieutenant Vetch et un sous-officier, Joseph
de Vogüé. Il leur fit creuser une fosse, et
il voulut, tout blessé qu'il était, les ense-
velir lui-même. Il se traîna dans le cime-
tière de Loigny, et là il se pencha en priant
et en pleurant sur cette fosse où l'on cou-
chait ses intrépides frères d'armes.

Le major d'Albiousse dut prendre le commandement de la légion des Zouaves Pontificaux. Il adressa à ses braves cet ordre
du jour remarquable :

« ORDRE DE LA LÉGION.

» Officiers, sous-officiers et soldats,

» Appelé, pendant l'absence du colonel de Charette, au commandement de la légion, j'éprouve le besoin de me rapprocher de vous pour ne pas être écrasé sous le poids de l'honneur qui m'est fait et de la responsabilité qui m'incombe.

» La crise que traverse la légion est terrible; mais quelque désastreuse que soit la situation qui nous est faite par l'éloignement de notre illustre chef et la perte de tant de nos braves camarades sur les collines de Patay, nous ne devons pas nous décourager.

. La guerre que nous subissons est une guerre d'expiation, et Dieu a déjà choisi parmi nous les victimes les plus nobles et les plus pures. Elevons nos cœurs à la hauteur de la mission qui nous est confiée, et soyons prêts à tous les sacrifices. Retrempons notre courage dans nos convictions religieuses, et plaçons notre espoir dans la divine sagesse, dont les secrets sont impénétrables, mais qui nous fait une loi de l'espérance.

» C'est par un acte de foi que la France est née sur le champ de bataille de Tolbiac, c'est par un acte de foi qu'elle sera sauvée ; et tant qu'il y aura dans notre beau pays un christ et une épée, nous avons le droit d'espérer.

» Quoi qu'il arrive, « avec l'aide de Dieu » et pour la patrie, » restons ici ce que nous étions à Rome : les dignes fils de la fille aînée de l'Eglise. »

M. de Charette était à peine guéri lorsqu'il arriva de Bourges à Poitiers pour rassurer ses braves sur l'état de ses blessures. Descendu à l'Évêché, l'héroïque colonel y reçut, le 9 janvier, vers 11 heures, les officiers du 2ᵉ bataillon de la légion, le seul qui fût encore à Poitiers.

Le matin, au rapport, le commandant d'Albiousse s'était empressé de porter à la connaissance des Zouaves l'heureux retour de leur vaillant chef, et il avait ensuite consigné les troupes, afin d'éviter au blessé les fatigues des visites multipliées que celui-ci devait attendre de l'empressement de ses chers Zouaves.

A 3 heures, le colonel se rendit à la caserne et y fut reçu par d'unanimes applaudissements, et, au milieu de l'émotion générale provoquée par la joie d'un retour si inattendu et presque providentiel, il adressa à ses soldats quelques mots pleins de cœur et de noblesse chrétienne et patriotique.

Voici son ordre du jour :

« Officiers, sous-officiers et soldats,

» Séparé de vous depuis un mois, je remercie la Providence qui me donne l'indicible joie de me retrouver parmi vous.

» Plusieurs de nos camarades sont morts.

» Honneur à ceux qui sont tombés pour la défense de la patrie et ont enregistré une gloire de plus dans les annales du régiment!

» Je tiens à remercier M. le commandant d'Albiousse de la manière brillante avec laquelle il vous a conduits pendant mon absence, je le remercie surtout de son ordre du jour où il a su si bien exprimer les sentiments de dévouement, d'abnégation et de patriotisme qui sont au cœur de chacun de nous.

» Soldats, de nouveaux périls, de nouvelles gloires nous attendent. Restons à la hauteur de notre mission. Marchons à l'ennemi, forts de notre passé, fiers du présent, confiants dans la protection de ceux que nous avons perdus.

› Que notre cri de ralliement soit toujours : « Dieu et la France! »

» Poitiers, le 9 janvier 1871. »

Le premier bataillon se reforma à Poitiers de quelques compagnies du second et
des débris de Loigny; il prit à peine quelques jours de repos et revint en hâte à son
poste de combat.

C'était aux environs du Mans. Les Prussiens commencèrent leurs mouvements le 9
janvier au matin, sur divers points de nos
positions.

Immédiatement les Zouaves durent par-
tir du Mans pour Montfort, en avant d'Ivré-
l'Evêque; mais en arrivant à ce dernier
village, ils reçurent du général Gougeard
l'ordre de s'arrêter.

Ils couchèrent à Juré le 9 au soir.

Ils appartenaient à la réserve du 21ᵉ
corps; néanmoins, par ce mouvement, ils

se trouvaient aux extrêmes avant-gardes avec le 16ᵉ corps.

Le lendemain, 10, on les envoyait faire une reconnaissance en avant d'Ivré, à trois heures de l'après-midi.

Ils marchèrent deux kilomètres et tombèrent subitement en plein dans les lignes prussiennes. Les balles, les obus pleuvaient de tous côtés à la fois ; ils se déployèrent en tirailleurs sous bois, et, d'après les ordres qu'ils avaient reçus, se replièrent dans les lignes françaises. La bataille s'engagea alors et se continua jusqu'à minuit. Les Zouaves couchèrent sur leurs positions. Ils perdirent ce soir-là leur aumônier, le R. P. Doussot, leur docteur, et trente hommes. Le lendemain matin, 11, le branle-bas recommença jusqu'à trois heures après midi ; ils restèrent, sac au dos, dans la neige et l'arme au pied.

A trois heures et demie, l'aile gauche de

l'armée, qui occupait les positions en avant d'Ivré, descendait la montagne dans le désordre le plus complet ; la ligne, l'artillerie, pêle-mêle, fuyaient vers la plaine et vers le pont de la route du Mans. Le plus grand désastre que l'on ait vu depuis Metz était inévitable, car les Prussiens, maîtres de cette position, commandaient la route du Mans, seule voie de retraite pour le 16ᵉ corps et pour le 17ᵉ.

Les généraux Gougeard et Pâris se précipitèrent alors vers les Zouaves :

« Zouaves ! » s'écria le premier, « le salut de l'armée dépend de vous ; c'est un dur morceau, mais il faut enlever à tout prix ces positions. Allons, à la baïonnette. »

Ils n'étaient pas cinq cents et n'avaient pour tout renfort que deux compagnies des mobiles des Côtes-du-Nord, environ deux cent cinquante hommes. Il s'agissait de faire deux kilomètres, d'enlever une position à pic et toujours dans la neige.

« Sacs à terre! » commanda le brave de Montcuit, et ils s'élancèrent.

Pour leur faire faire place, les cuirassiers refoulaient à coups de plat de sabre les soldats qui encombraient le pont dans leur fuite.

La montagne fut gravie au pas gymnastique, aux cris de : « Vive Dieu! vive la France! » sous une pluie de balles et d'obus. L'ennemi effrayé de tant d'audace recula. Les Zouaves de Charette avancèrent toujours; bientôt ils couronnèrent la cime. Le combat s'engagea corps à corps, nos pièces de canon et nos mitrailleuses furent reconquises : les Zouaves étaient maîtres de nos positions.

Ils rencontrèrent sur ces hauteurs le 10e bataillon de marche de chasseurs à pied qui, malgré la panique générale, resta bravement en ligne, préférant la mort à la fuite.

Honneur à M. Tarillon, son énergique commandant, honneur à ces braves qui secondèrent les Zouaves Pontificaux et les vaillants mobiles des Côtes-du-Nord dans leurs charges à la baïonnette, et assurèrent avec eux la retraite de l'armée.

C'est maintenant qu'après avoir applaudi à tant d'héroïsme, il ne reste plus qu'à pleurer les morts !!!

Les capitaines Belon, Henri de Bellevue et du Bourg, tués.

Le lieutenant Justin Garnier, tombé en soulevant son képi et criant : « Vive la France ! »

Le brave Calix de Becdelièvre, blessé grièvement d'une balle qui lui a traversé la mâchoire.

Un capitaine, M. Lallemand, ancien séminariste, est entouré au fort de la mêlée ;

on lui crie : « Rendez-vous! » Il répond :
« Jamais! » A l'instant son sabre est brisé
par une balle. Ses camarades le délivrent.

Le combat finit avec le jour ; les troupes
rentrèrent dans les positions que les Zouaves venaient d'arroser de leur sang. Le général Gougeard leur disait en passant devant leur front : « Zouaves! vous êtes des
braves : vous avez sauvé l'armée ! » L'armée entière, artillerie et cavalerie, les ac-
clama sur leur passage ; ils avaient chère-
ment payé cet honneur.

Voici ce qu'écrivait M. de B..., novice de
la Trappe de Sainte-Marie-du-Désert, en-
gagé dans les Zouaves Pontificaux pour défendre la patrie :

« Point de conversations mauvaises ni
déplacées, point de blasphèmes ni de jure-
ments. Chacun fait sa prière matin et soir
aux pieds de son lit ; tous les dimanches,

les églises sont remplies de nos Zouaves ;
le jour de l'Immaculée Conception, presque tout le monde a fait la sainte communion ; aussi, quand le moment de se dévouer
pour le salut de la France est venu, on les
voit intrépides, braver le fer et le feu, et
étonner les troupes vieilles et aguerries
qu'ils combattent.

» C'est plaisir à voir les sentiments religieux qui animent tous les soldats de notre
corps ; ce matin encore, il y a eu un service
pour les âmes de ceux qui étaient morts
dans les dernières affaires, et, quoique
personne n'y fût contraint, l'église était
remplie de nos soldats, qui, dévotement
agenouillés et chapelet en main, priaient
pour leurs frères morts et demandaient
aussi à Dieu la grâce de bien mourir quand
le salut de la France réclamerait un pareil
sacrifice. »

Le courage des Zouaves Pontificaux (1)
est désormais hors de doute : ils ont con-
quis l'admiration générale par leur intré-
pidité sur les champs de bataille ; mais ce
qu'on ne saurait trop faire remarquer, c'est
que s'ils se dévouent si généreusement,
s'ils affrontent le danger avec tant de sang-
froid, d'ardeur et d'héroïsme, ils le doivent
à leur foi et à l'amour qu'elle leur inspire
pour Dieu et pour la patrie. Un de ces braves, revenu, comme par miracle, du san-
glant combat de Patay, avait laissé, pour
suivre le glorieux drapeau de Charette,
une jeune femme et des enfants. Il était en
Vendée, son pays ; une personne lui ayant
dit qu'il n'aimait ni sa femme ni ses enfants, puisqu'il s'en était séparé : — « Oh !
si, » répondit-il vivement, « je les aime.
Mais j'aime mieux encore ma patrie, et surtout mon Dieu, pour qui je combats. » Ces

(1) *L'Espérance du Peuple.*

paroles sont d'autant plus belles qu'elles se trouvent sur les lèvres d'un ouvrier.

Un autre ouvrier, aussi Vendéen et Zouave Pontifical, adressait de Sargé, le 25 décembre 1870, cette lettre à ses bons et estimables parents :

« Nous avons entendu la messe non dans une église, mais dans une grange ; les trois quarts de nous étaient dehors. Qu'il était touchant, au moment de la communion, de voir tous les Zouaves entrant un à un dans cette grange, et, passant entre deux piliers, pour arriver à l'autel dressé au fond, où dominait notre bannière.

» Vous n'en doutez pas, j'étais du nombre, et, en priant, je me rappelais l'histoire de nos pères, qui allaient de village en village pour assister à la messe de minuit.

» Ce soir, à trois heures, nous avons été à vêpres à la paroisse. Il n'y avait dans l'église à peu près que des Zouaves et des marins. Que c'était beau! De temps en temps je voyais des marins, avec des lumières, allant de la crèche, où est l'enfant Jésus, à l'autel de la sainte Vierge. J'espère en l'enfant Jésus, qui est puissant dans sa crèche. »

Un enfant de vingt ans, Lucien Saulnier-Sadourny, avant son départ pour les Zouaves Pontificaux, déposait entre les mains d'un de ses amis ce testament :

« Le 11 octobre.

» J'écris ces dernières lignes avant de m'engager. Je vais me battre pour mon pays. Dieu, je l'espère, me protégera et me fera miséricorde. Je suis bien triste de tout quitter; mais l'honneur et le devoir m'appellent. Tous mes camarades sont partis, et moi je resterais!!!

» D'ailleurs ce n'est pas pour la République que je vais me battre, c'est pour Dieu et pour la France.

» Je demande pardon à toutes les personnes que j'ai chagrinées, à ma mère que j'aimais bien. Je compte sur elle pour les prières.

» Je donne à Dieu mon âme ; à ma mère, mon dernier adieu et mon dernier baiser. »

M. l'abbé Frédéric Mitton écrivait, le 9 janvier, à un jeune prêtre :

« J'ai demandé et obtenu l'honneur de servir la messe d'un des aumôniers de notre corps ; je viens de faire la sainte communion. Dans quelques instants nous allons voir l'ennemi. Or, savez-vous, cher ami, ce que j'ai demandé au bon Dieu? la grâce de tomber sur le champ de bataille en faisant bravement mon devoir. Je suis prêt aujourd'hui et j'espère aller droit au ciel... Qui sait si plus tard..? Quoi qu'il en soit, j'ai la confiance que les Prussiens ne pourront pas se vanter d'avoir vu fuir devant eux le séminariste poitevin transformé pour un instant en Zouave Pontifical. Du reste, vous et tous mes amis, vous m'aiderez de vos bonnes prières, n'est-il pas vrai?..... Adieu, au revoir peut-être... au ciel! »

Quelques jours avant la bataille du Mans, où il devait trouver la mort, le capitaine Belon s'entretenait avec un vénérable aumônier de la légion, et l'un et l'autre se disaient : « Nous accuserons toujours le principe de notre dévouement à la France en restant fidèles aux pratiques de notre sainte religion. » « Oui, mon père, » répondait le soldat. « Je veux en donner l'exemple : écoutez ce soir la confession de ma vie toute entière. »

Il n'est pas étonnant qu'avec une foi si

vive et si sincère, les Zouaves deviennent
des héros et méritent d'être récompensés
par les belles paroles que leur vaillant chef
adressait aux braves qui ont combattu à
Patay.

J'àime à les reproduire : elles sont glo-
rieuses tout à la fois pour Charette et pour
ses soldats.

« Jamais, disait-il, je n'ai vu de plus
belle manœuvre que celle exécutée à Patay ;
jamais je n'avais vu des hommes marcher
plus froidement à la mort, plus courageusement à l'ennemi ; mais tous, il faut le
dire, avaient avec Dieu leur conscience à
l'aise, tous lui avaient offert leur vie pour
le salut de notre pays. »

Charette, émule des chefs croisés, con-
firme ainsi par son témoignage, aussi bien
que par ses actions d'éclat, le courage que
donnent la paix de la conscience et le sentiment du devoir.

En voici quelques exemples.

Un des Zouaves qui ont marché au premier rang à la belle charge de Patay, le sergent Ignace Charrier, de Chavagnes-en-Paillers (Vendée), écrivait à ses parents avant le combat qu'il ne craignait rien, parce qu'il avait la conscience tranquille.

Un Zouave, tombé sur le champ de bataille, s'écriait d'une voix forte et émue au moment où il recevait les derniers sacrements : « Vive Pie IX ! Je meurs pour la sainte Eglise, je fais le sacrifice de ma vie à mon Dieu pour la conservation des jours de Pie IX. »

Le noble comte de Bouillé avait reçu le pain des forts, avec son fils et son gendre, M. de Cazenove de Pradines, avant la bataille de Patay. En abordant les Prussiens il s'écriait, ainsi que d'Assas : « A moi, mes enfants! c'est l'ennemi. » Quelques instants après, il relevait le drapeau qui tombait avec son fils; atteint à son tour, il le remettait à son gendre, auquel il ne restait plus qu'une main pour le soutenir.

Trois balles renversent le capitaine de Gastebois. Un de ses sergents, Maurice de Lavalette, accourt et le relève dans ses bras : « Dis à ma mère que j'ai communié ce matin, murmure Gastebois... Deux balles le frappent encore, et il tombe expirant.

Le colonel de Charette et Mgr Daniel racontaient avec admiration la foi et le courage de M. Camille Thébaud, blessé à Loigny.

« Il a montré, » disait en propres termes le brave colonel, « un courage féroce. »

Il a subi l'amputation de la jambe avec une résignation toute chrétienne : en se ré-

veillant après l'opération, il a commencé
par réciter l'Oraison dominicale avec une
foi si touchante que toute l'assistance ver-
sait des larmes. Le major qui venait de
l'opérer, voyant entrer M. de Charette, ne
put s'empêcher de lui dire : « Colonel,
quand on commande des hommes d'une
telle valeur, on peut aller jusqu'au bout
du monde. »

Quelque temps après cette douloureuse
opération, le jeune volontaire écrivait ces
paroles : « J'ai perdu une jambe, mais je
ne la regrette pas : j'ai fait mon devoir. »

Le capitaine Henri de Bellevue avait
rempli ses devoirs religieux avant la bataille du Mans, où il tombait frappé à la
ceinture d'une balle qui le traversait de
part en part. Sa tête s'appuyait sur son
bras gauche pour s'endormir du dernier
sommeil ; de la main droite il faisait signe

à ses soldats d'avancer; un dernier éclair de vaillance et d'espoir animait son regard.

Ce fut aussi auprès du Mans que succomba héroïquement ce capitaine des Zouaves Pontificaux qui conservait sur son cœur cet admirable testament :

« *In nomine Patris, et Filii, et Spiritus sancti. Amen.*

» Après avoir longtemps réfléchi, et en présence de ma madone de Vicovaro, en qui j'ai toute confiance, je déclare que je désire toujours être soumis à la sainte volonté de Dieu.

» Je veux : 1° que toutes les indulgences que je pourrai gagner soient appliquées aux âmes du purgatoire; 2° que tous les mérites que je pourrai avoir leur soient également appliqués; 3° que toutes les prières ou messes que l'on pourra faire dire pour moi, avant ou après ma mort, servent aussi à leur soulagement.

» Espérant de la bonté divine que ces âmes, pour lesquelles je me dévoue complètement, me serviront à leur tour de médiatrices auprès de Dieu et de sa sainte Mère, pour m'épargner les longues souffrances que m'auraient méritées mes péchés, je désire néanmoins que ceux qui ouvriront ce papier après ma mort fassent célébrer toutes les messes qu'ils auraient fait dire sans cela.

» En foi de quoi je signe ce papier après en avoir donné connaissance à mon confesseur seul.

» Fait à Frascati, à la suite de mes réflexions lors de la mort de madame de Charette, le 27 janvier 1865. »

Comme leurs aînés, les anciens soldats pontificaux se faisaient remarquer, entre tous, dans l'armée, dans la mobile, par leur abnégation, par leur héroïsme.

M. Alphonse de Surigny, lieutenant des mobiles de l'Ain, trouvait le germe de la petite vérole, dont il est mort, au chevet de ses soldats malades ou blessés qu'il aimait à consoler. M. le duc de Luynes était emporté par un boulet, à la tête de sa compagnie des mobiles de la Sarthe. M. Charles de la Noüe, lieutenant des mobiles des Côtes-du-Nord, demeurant sur le champ de bataille du plateau d'Anvours, après avoir fait de tels prodiges de valeur que les Zouaves Pontificaux ne purent s'empêcher de s'écrier : « On voit bien que celui-ci est des nôtres. » M. Paul de Maumigny, commandant d'état-major à l'armée de l'Est, et M. Yves de Quatrebarbes, capitaine des mobiles de la Mayenne, recevaient les deux décorations du courage : des blessures et la croix de chevalier. M. du Rostu, chef d'escadrons, M. Bertrand, chef de bataillon des mobiles des Deux-Sèvres, M. de Cordon, capitaine des mobiles de la Savoie, se distinguaient brillamment.

Je dois dire, à l'honneur de la légion d'Antibes, si valeureuse dans la défense des Etats de l'Eglise, devenue en France le 47° de marche, ces lignes extraites du rapport du général qui la commandait :

« Je ne saurais trop citer ce beau régiment, car il est un modèle de courage et d'entrain entre tous. Si la France possédait beaucoup de soldats aussi bien disciplinés, aussi bien commandés que ceux du 47e, elle repousserait facilement les armées innombrables de l'ennemi. »

Dans une lettre adressée de Fribourg le 23 février au *Bien public* de Gand, on lisait ce qui suit au sujet de ces braves :

« Un régiment nous est arrivé qui faisait avec les autres un heureux contraste. Pas un officier qui ne marchât avec la troupe

et qui ne fût à son poste réglementaire. Le
général et le colonel marchaient en tête.
Les soldats se louaient de leurs chefs, et
les chefs ne se plaignaient pas de l'indisci-
pline du soldat. Quand le lieu de logement
leur eut été désigné, les officiers y accom-
pagnèrent leurs hommes et veillèrent,
avant de songer à eux-mêmes, à ce que rien
ne leur manquât. Notre population fut si
satisfaite de ce régiment, qu'immédiatement la pensée vint de lui faire une ova-
tion. Plusieurs dames se concertèrent, on
prit des fleurs dans les serres de nos meil-
leures maisons, on en tressa des guirlandes
et des couronnes, et le lendemain matin, le
régiment parcourut les principales rues de
Fribourg, ayant à sa tête son général, dont
le cheval était couvert de fleurs. Or, ce régiment, c'était la Légion romaine, dite
d'Antibes. Preuve que, pour être catholique et pour avoir défendu à Rome la cause

la plus sainte et la plus juste, on n'en est pas moins de bons soldats, et les meilleurs soldats. Le général qui les conduisait était le général Ségard.

» Ah ! si toute l'armée de la France avait été comme la Légion romaine, ce noble pays ne serait pas réduit à la position où il se trouve. La Légion, depuis sa rentrée en France, a pris part à plusieurs batailles ; elle a dû être recomposée trois fois pour combler les vides faits par le feu de l'ennemi. »

LE GÉNÉRAL DE SONIS.

Le général de Sonis était, au commencement de l'année 1869, lieutenant-colonel et commandant du cercle de Laghouat. Il dispersa, avec 450 hommes, près de 5,000

Arabes rebelles, et mit fin au soulèvement.

A l'époque de la guerre d'Italie, il prit part à la campagne, et eut un cheval tué sous lui dans une charge à la tête de l'escadron qu'il commandait. Vingt-trois hommes seulement se retrouvèrent après cette charge, et il se releva presque seul du champ de bataille à travers le feu de deux carrés autrichiens, sans avoir été blessé. « C'est, disait-il avec foi, c'est la sainte Vierge qui m'a protégé. »

Lors de la déclaration de la guerre à la Prusse, il demanda un commandement. Mais il possédait à fond la langue arabe, chose précieuse pour traiter avec les chefs, et sa demande fut rejetée. Cependant la guerre prenait des proportions alarmantes. Le général de Sonis télégraphia à Tours qu'il voulait marcher à l'ennemi, « dût-il quitter les épaulettes et se faire simple soldat. » C'est alors qu'il a été nommé gé-

néral de division et commandant du 17ᵉ
corps.

Il a toujours placé la religion au premier
rang, au-dessus de tout. Catholique fervent,
d'une piété angélique, il prend part à toutes les bonnes œuvres.

Il écrivait d'Aūmale :

« Lorsque Dieu se mêle de donner des
leçons, il les donne en maître. Rien ne
manque à celle que la France reçoit en ce
moment.

» J'ai télégraphié à Tours pour marcher
à l'ennemi ; je ne veux à aucun prix rester ici... Plutôt mourir les armes à la main,
en soldat ! »

Et plus loin, après des considérations
sur les hommes qui ont perdu la France :

« Pour nous, ne parlons pas ; mais de-
mandons à Dieu qu'il ne nous quitte pas
et qu'il nous fasse la grâce de savoir mourir comme un chrétien doit finir, les armes

à la main, les yeux au ciel, la poitrine en face de l'ennemi, en criant : Vive la France! »

Il disait dans une autre de ses lettres :

« En partant pour l'armée, *je me condamne à mort.* Dieu me fera grâce s'il le veut; mais je l'aurai tous les jours dans ma poitrine, et vous savez bien que Dieu ne capitule jamais, jamais! »

On sait que cet héroïque général a survécu à sa blessure, et qu'il commande aujourd'hui la 16e division militaire, à Rennes.

LE GÉNÉRAL DE CATHELINEAU ET SES VOLONTAIRES.

Je ne dois pas séparer d'avec les Zouaves Pontificaux les Volontaires Vendéens. Plusieurs d'entre eux ont été nos frères

d'armes, et leur général lui-même a combattu pour le Pape. Du reste, ils ont montré
le même courage et la même foi, et l'emblème qui décorait leurs uniformes était le
même.

« Ils sont les soldats de Marie, écrivait
un de leurs aumôniers; comme autrefois
leurs pères, ils récitent dévotement le chapelet. Un jour, un de nos capitaines me
propose une promenade dans un taillis voisin. Après quelques minutes de marche,
« Monsieur l'abbé, me dit-il, voulez-vous
réciter le chapelet? » Je vous laisse à pen-
ser si j'hésitai à accepter une invitation si
consolante pour mon cœur de prêtre. Le
lendemain, ce même officier me dit : « Monsieur l'aumônier, vous étiez aujourd'hui
d'expédition contre les Prussiens, j'ai dû
réciter seul mon chapelet. » — Tels sont
nos soldats : ils prient, se confessent et vont
à la messe ; mais vaudront-ils moins que

4

les soldats qui blasphèment et vont au ca-
baret? »

Un Volontaire Vendéen, ancien séminariste, avait annoncé son départ à ses parents en ces termes :

« Ma rentrée au séminaire m'a laissé
souffrant d'une douleur morale que je ne
pouvais m'expliquer. Aujourd'hui, j'ai mis
le doigt sur cette souffrance : le dévouement... Il y a trois mois, j'étais triste, vous
le savez. Une idée me poursuivait : je vou-
lais aller mourir pour Pie IX. Vos conseils,
vos pleurs voulurent étouffer ce sentiment,
mais l'oubli n'atteint pas de nobles causes.

» Aujourd'hui, bien chers parents, le
patriotisme m'a soulevé l'âme. Je vais par-
tir comme volontaire pour la durée de la
guerre, dans l'armée du vaillant descen-
dant de Cathelineau.

» Mais ne rêvons pas encore des triom-
phes; songeons aux malheurs qui nous ac-

cablent, à plus de vingt départements en-
vahis et pillés, à la France souillée par cette
horde de barbares, à la religion. Je pense
à vous, que je quitte, et longtemps je ba-
lance; vous qui m'aimez tant! pourrai-je
vous porter ce coup si cruel de la séparation? Ah! chers parents, moi aussi je vous
aime et je voudrais donner mon sang pour
vous. Vous êtes pour moi une patrie, une
religion : mais en-dehors de la famille,
j'aperçois une autre patrie, la France; une
autre religion, celle de mon Dieu!

» Deux patries, deux religions, deux
idées qui tiennent mon cœur en suspens.
Oh! non! Qui protège la patrie de ma famille? qui défend la religion de ma famille? n'est-ce pas la France? n'est-ce pas
Dieu? Et lorsque ces deux défenseurs sont
attaqués, lorsqu'on leur a juré une guerre
à mort, moi Français, moi chrétien, je
resterais inactif?

» Je pars, je vais peut-être à la mort;
mais soyez forts, je le suis, parce que Dieu
est avec moi : avec ce bouclier je ne crains
rien. Mon christ, mon scapulaire, le chapelet : voilà mes premières armes; elles
me suivront partout, et, lorsque je les lais-
serai, j'aurai un souvenir pour vous, chers
parents que j'aime; je pars avec votre
amour dans le cœur. Si Dieu le veut, je
vous le rapporterai; sinon, j'irai le déposer au ciel, où je vous attendrai.

› Adieu, chers parents, dans quelques
jours vous aurez des nouvelles de la
Vendée. »

Des volontaires qui avaient fait de tels
sacrifices ne pouvaient que se battre en
héros.

Les Prussiens savaient bien mieux que
la plupart de nos *sérieux* Français que
« Celui qui craint Dieu, ne craint pas l'ennemi; »
aussi ne tenaient-ils pas à en venir aux

mains avec des troupes animées de sentiments chrétiens, et résolues, par consé-
quent, à leur faire sentir la pointe de leurs
baïonnettes.

Les Vendéens purent bientôt le remarquer ; ils étaient cinq cents, et les Prussiens qu'ils rencontrèrent étaient trois
mille. Les deux corps se trouvaient sur
deux hauteurs voisines, à huit cents mètres
l'un de l'autre. Après quelques instants de
délibération, les Vendéens décidèrent l'attaque. Quand le signal fut donné, l'aumônier parut : « Mes enfants, dit-il à ces braves, voici l'heure ! à genoux ! recomman-
dez votre âme à Dieu ! je vais vous donner
l'absolution ! » Et puis, d'un grand geste
solennel, étendant la main au-dessus des
soldats prosternés, le prêtre commença les
paroles sacramentelles : *Ego vos absolvo !*
« Ce fut notre Thabor, disait un des Vendéens ; nous nous relevâmes transfigurés. »

« En avant! » commanda le chef, et tous partirent d'un seul élan, les cavaliers ventre à terre, les fantassins au pas de course. Mais les Prussiens ne les attendirent pas : ils avaient vu le prosternement de tous ces hommes, et devinant à qui ils avaient affaire, ils préférèrent décamper.

Après avoir, vers la fin d'octobre, très habilement manœuvré pendant quinze jours, sur la rive gauche de la Loire, entre Lailly, Beaugency, Cléry, les Vendéens entrèrent les premiers dans Orléans, où ils firent trois cents prisonniers, et M. de Cathelineau put faire savoir à nos troupes, victorieuses à Coulmiers, qu'elles pouvaient occuper la ville.

Ils défendirent, pendant quatre semaines, avec le 3° bataillon des mobiles de la Dordogne, un bataillon de turcos et la Légion bretonne, les abords de la forêt d'Orléans, dans laquelle, chaque jour, les avant-gardes prussiennes cherchaient à pénétrer.

A Chambon, les volontaires de Cathelineau forcèrent, après deux heures d'une
fusillade meurtrière, tout un régiment de
chasseurs de la garde royale à se replier
sur Nancrey, en lui mettant hors de combat près de cinq cents hommes.

Ils prirent part à la bataille de Beaune-
la-Rolande, qui eût été pour nos armes une
grande victoire si le 15e corps, campé à
quatre lieues de là, avait fait une démons-
tration sur Pithiviers.

Les généraux Bourbaki et Chanzy se
disputèrent l'avantage d'avoir cette petite
armée d'éclaireurs. Chanzy l'emporta.

M. de Cathelineau reçut l'ordre d'aller
aux extrêmes avant-postes. Il occupa Mont-
mirail pendant quinze jours, épiant les
mouvements de l'ennemi, enlevant ses
convois de réquisitions, décourageant les
incursions des uhlans. Ce fut lui qui ap-

prit au général Chanzy, à jour fixe, la marche sur le Mans de l'armée du prince Fré-
déric-Charles. Sa petite troupe reçut à
Vibraye le premier choc des avant-gardes
prussiennes qui s'avançaient par la route
de Mondoubleau, de la Ferté et de Saint-
Calais. Il s'est passé là un beau fait militaire. Le capitaine d'Audeville avait été
chargé de protéger la retraite de la colonne
par une défense désespérée. Il n'avait que
trente hommes, et il repoussa, par une fusillade des plus meurtrières, une avant-
garde d'environ huit cents Prussiens qui
voulaient entrer au pas de charge dans Vibraye. L'affaire dura une demi-heure, et
ce n'est qu'après un ordre formel de retraite qu'il quitta avec ses braves la position
où tous lui avaient promis de mourir. L'intrépide capitaine, calme au milieu des balles, ne s'occupait que du tir des volontaires, excepté vers la fin, où, saisissant le

chassepot d'un soldat tué, il faisait feu
comme les camarades. Près de lui se te-
naient de vaillants volontaires, le sous-
lieutenant Delaunay, les sergents Lescot
et Cullerier, et trois anciens gendarmes
pontificaux, dont chaque balle descendait
un Prussien.

De Vibraye, la colonne se dirigea sur
Montfort. Pendant trois jours, elle prit part
à la bataille du Mans, en avant de Montfort; au pont de Gennes, avec les marins;
au pont de Bourée, dont elle empêcha le
passage par l'ennemi; à Fatines, où elle
protégea, de 6 heures du soir à 5 heures du
matin, la retraite du général Rousseau.

Puis elle effectua elle-même sa retraite
quand le Mans fut pris, en bon ordre, sau-
vant son artillerie et son convoi.

Maintenant voulez-vous connaître le
vaillant chef des Volontaires Vendéens?
Lisez cette lettre qu'un de ses officiers

4.

adressait à la *Gazette du Midi* : « M. de Cathelineau est toujours bienveillant malgré
son caractère vif et son habitude de ne pas
répéter deux fois les choses.

» C'est bien le général qui use le moins
de galons. Feutre noir avec plumes noi-
res, veste courte, ceinture bleue, un cœur
rouge sur la poitrine, vêtement entièrement
noir, voilà le costume de notre chef.

» Comme arme offensive, sa tabatière ;
comme arme défensive, sa canne, avec laquelle, dit-il, il n'a jamais eu peur d'un
honnête homme. Voilà ses armes, en route
ou au feu. Inutile de vous dire qu'au feu il
est le premier à nous regarder faire, sans
se douter qu'il est une cible vivante. On le
croirait sourd, car il est de ceux qui ne sa-
luent pas les balles ; leur sifflement ou le
ronflement de l'obus le laissent impassible.

» Dans tous les cas, il n'a pas froid aux
yeux et il a du flair, tant il sait deviner les

moindres mouvements et les moindres in-
tentions de l'ennemi; il nous a plusieurs
fois tous sauvés, mais d'une façon remarquable, alors que, non par sa faute, nous
étions cernés. Il est très apprécié des généraux, il a toute notre confiance; avec lui
nous ne doutons de rien, rien ne nous
étonne; nous savons qu'il s'en tire toujours,
quelque critique que soit la position.

» Sa famille est avec lui; son fils, Henri,
jeune gars de dix-sept ans, je crois, est
maintenant sous-officier. J'espère bien
qu'on le fera sous-lieutenant, il le mérite.
Souvent je l'ai trouvé couché dans la paille,
pêle-mêle avec mes hommes, ou bien rô-
dant pour chercher de quoi mettre sous la
dent. C'est vous dire qu'il ne retire pas
grand profit d'être le fils du général. Madame de Cathelineau est avec nous et or-
ganise les ambulances. Craignant de lui
déplaire, je n'ose pas trop en parler, mais

quelle bonté, quelle abnégation, quel dévouement! Quelles consolations elle a don-
nées! que de malheureux elle a secourus
dans nos longues marches!

» Elle a beau se cacher, nous savons tous
le bien qu'elle fait. Prisonnière une fois,
elle n'en continue pas moins la noble tâche
qu'elle s'est imposée, et, au moment du
danger, elle est là, prête à recevoir le premier blessé. Elle a pour auxiliaires nos
quatre aumôniers, qui tous ont fait leurs
preuves, allant chercher les blessés, même
sous le feu des Prussiens, les confessant
ou les emportant sur leurs épaules à travers la mitraille.

» Maintenant je ne puis trop vous parler
de chacun des nôtres; nous avons des pères de famille qui sont venus avec leurs
fils, tels que M. Loiret; nous en avons qui
sont grands-pères, tels que le brave capitaine de Raissy, que j'ai pourtant toujours

vu à la tête de sa compagnie pendant les
1200 lieues que nous avons faites en marches et contre-marches. Nous avons le
vieux Bayard, c'est le nom qui convient
à M. de Puységur, commandant de l'état-
major du général, vrai père du soldat,
donnant son cheval pour y faire monter
un homme fatigué, et cela très souvent.
D'une bravoure sans égale, c'est un de ces
hommes dont les balles ne veulent pas; il
paraît en être fâché, car il dit que mourir
pour son pays, c'est mourir dans les bras
de Dieu.

» Chez nous, depuis le général jusqu'au
simple soldat, après le service on oublie
les grades : nous sommes tous amis ou camarades. Tous les matins, nous faisons la
prière à l'appel, ainsi que le soir. En route,
c'est avant le départ; en présence de l'ennemi, c'est avant de commencer le feu. La
prière est courte, et se termine en deman-

dant à Dieu d'avoir pitié de notre pauvre France. Le dimanche on va à la messe, si c'est possible. Le général y va avec sa garde et ceux qui veulent y aller; il ne force personne. »

———

LES VOLONTAIRES DU CŒUR DE JÉSUS.

Ne craignons plus de leur donner ce titre, puisqu'ils viennent de le payer de leur sang le plus pur. Nobles jeunes gens! n'ayant pu s'immoler pour le Saint-Père et pour l'Eglise, ils ont été heureux de s'offrir en sacrifice pour la France, cette seconde patrie qu'ils ne séparent pas, dans leur amour, de la patrie de leurs âmes; et Dieu a accepté leur sacrifice, comme il avait accepté jadis celui de Judas Machabée, avant d'accorder au peuple d'Israël sa complète

délivrance du joug ennemi. Maintenant
donc il nous sera permis de dire ce que la
discrétion nous obligeait de taire jusqu'à
ce jour : c'est que nos nouveaux Macha-
bées, en partant pour cette dernière lutte
si inégale, qui, d'après toutes les appparen-
ces humaines, ne pouvait être qu'une bou-
cherie, ont voulu mettre leur martyre sous
la protection visible du Cœur de Jésus. Il
ne leur a pas suffi de porter chacun sur la
poitrine l'emblème de ce divin Cœur; ils
ont déployé une bannière où cette image
était brodée par des mains consacrées au
Seigneur. Nous avions espéré que cet emblème serait pour nos braves ce que fut
jadis le *Labarum* pour l'armée de *Constan-
tin*. Mais nous n'avons pas encore assez
expié nos prévarications pour obtenir la
cessation du fléau qui nous châtie; et Dieu
a récompensé ses généreux serviteurs en
leur accordant une gloire plus grande : la

gloire de ressembler à son Fils, de réaliser en eux-mêmes le dévouement dont leur drapeau leur offrait l'emblème, et de mêler leur sang au sang qui découle de la plaie toujours béante du Cœur de Jésus.

R. P. RAMIÈRE.

———

PIE IX N'OUBLIAIT PAS SES ZOUAVES.

La *Semaine liturgique* de Poitiers publiait la lettre suivante :

« Rome, ce 18 décembre 1870.

» Notre saint et vénéré Pontife attendait avec anxiété les détails que, par mon entremise, il vous avait demandé de lui transmettre, à mesure que vous les receviez. Il s'est profondément ému en les lisant, a parlé de notre brave Charette et de ses héroïques compagnons dans les termes de la

plus vive admiration, de la reconnaissance
la plus profonde, de l'affection la plus tendre et la plus touchante, répétant plusieurs
fois : « Je ne crois pas que l'on puisse ren-
contrer nulle part autant d'abnégation, de
générosité, de grandeur d'âme, de dévouement, de foi, d'héroïsme chrétien ! » —
Puis il ajoutait en s'adressant à moi :
« Ecrivez de suite, aujourd'hui même,
à.....; qu'il fasse savoir le plus tôt et le plus
vite possible à Charette et à tous ses héroïques enfants que mes vœux, mes prières, mon souvenir les accompagnent sans
cesse et partout, et que je les aime et les
admire; que comme ils étaient et sont avec
moi, je suis de cœur et d'esprit avec eux,
toujours, demandant au Dieu de miséricorde de les protéger, de les sauver, eux
et la pauvre France, de les bénir aussi spé-
cialement, aussi largement que je le fais
aujourd'hui moi-même en son nom, et
avec toute l'effusion de mon cœur! »

CEUX QUI SAVENT MOURIR.

Le *Constitutionnel* écrivait ce qui suit :

« On a pu faire la comparaison des disci-
ples de Voltaire avec les croyants. Cher-
chez au premier rang dans l'armée, dans
les avant-postes, en face des canons : qui
se bat avec furie ? Quels sont les jeunes
héros qui bravent la mort et qui la reçoi-
vent héroïquement ? Qui voit-on marcher
à l'assaut de Villejuif, à Châtillon, au Bour-
get, à Montretout ? Qui se distingue à Coulmiers ? Qui a consolé la France des désastres de l'armée de la Loire ? Ce sont les
braves Bretons, les braves Vendéens, les
Poitevins, les paysans du Périgord et de la
Gironde, les Zouaves Pontificaux ; ce sont
les fils de nos vieilles familles françaises,
nourris dans le respect de Dieu et dans le
culte chrétien.

» On a mis à l'ordre du jour des Religieux, des Sœurs de charité; on a cité comme des exemples de bravoure les Charette, les Cathelineau, les Dampierre, les Saillard. — Que le matérialisme montre ses héros! Il en est assurément qui, sans croyance, par le seul stimulant de la gloire et du devoir patriotique, n'ont point reculé devant la mort; mais leurs exploits sont isolés; ils n'ont rien d'éclatant, de collectif, rien qui ait provoqué l'attention des chefs ou l'admiration des soldats.

» On en a vu beaucoup se traîner dans les arrière-gardes, rechercher les ambulances. Paris en a vu quelques-uns se dérober cyniquement aux premiers feux; d'autres se sont réservés pour la guerre civile. Les plus prudents se sont mis à l'abri de la bataille dans de calmes sinécures. Ce qu'ils savaient faire avec vaillance, c'était se parer d'uniformes brillants et de képis invraisemblables, c'était discourir dans les clubs en faveur de la guerre à outrance. Pendant que les soldats chrétiens versaient leur sang, les démagogues troublaient le pays et y jetaient des ferments de discordes; ceux qui n'étaient pas atroces étaient ridicules.

» Maintenant, l'expérience est faite et la question jugée; il faut laisser la France revenir aux sources du pur patriotisme. »

CONSÉCRATION

DES ZOUAVES PONTIFICAUX

AU SACRÉ CŒUR DE JÉSUS.

Les Zouaves Pontificaux, réunis à Rennes par M. de Charette, étaient chargés de la défense de l'Ouest quand l'armistice,

suivi de la paix, vint contrarier leur dévouement.

Je ne parlerai pas des outrages de toutes
sortes prodigués par les agents salariés de
la Révolution à ces héros qui avaient le
tort, à leurs yeux, d'être Français et
chrétiens.

Depuis longtemps le général avait résolu
de consacrer sa légion au Sacré Cœur de
Jésus. En conséquence, il invita tout le
corps à se trouver, le jour de la Pentecôte,
vers huit heures, dans la chapelle du grand
séminaire. Jamais appel ne fut mieux ac-
cueilli, mieux compris.

Un très grand nombre de Zouaves s'é-
taient préparés à la consécration par la
sainte Communion.

Au *Domine, non sum dignus*, Mgr Daniel, debout sur le marche-pied de l'autel,
à côté du général et du drapeau de la lé-

gion, fit connaître le but de la cérémonie en ces termes :

« Messieurs, le régiment a vu s'élever, dans le cours accidenté de sa vie, des jours d'une suprême gravité et d'une solennité à nulle autre pareille. Je ne crois pas qu'il se soit vu dans une circonstance plus grave et plus solennelle que celle qui nous rassemble.

» Vous voulez aujourd'hui, dans une grande démarche, tous ensemble, votre général et vos officiers à votre tête, pressés à mes côtés, vous jeter dans le Cœur de Jésus, implorer son secours, lui consacrer vos armes, votre vie, votre mort.

» J'admire, Messieurs, comment Dieu, selon ses révélations à la bienheureuse Marguerite-Marie, voulant sauver la France par le Sacré Cœur, voulant qu'elle lui soit consacrée tout entière, vous appelle les premiers, afin que vous deveniez entre ses mains l'instrument du salut qu'il nous prépare.

» Où allons-nous, Messieurs? Nous ne le savons pas. Quelles sont les destinées de cette légion toute providentielle dans sa formation, dans sa conservation? Nous l'ignorons encore. Mais ce que nous savons, c'est que toute sa force est à Dieu et lui vient de Dieu. Ce n'est pas sans un dessein bien providentiel que vous arrivez aujourd'hui à cette solennelle démarche, et elle me remplit d'espérance.

» Nous répondons les premiers à ce cri poussé par un de nos frères (M. de Cazenove, député, ancien Zouave), qui a retenti à l'Assemblée de Versailles et de là aux oreilles de toute la France, et qui l'a réjouie. Il appelle à la prière, et nous répondons à ce cri d'une suprême détresse; nous disons : *Cœur de Jésus, notre espérance est en vous, soyez notre refuge.*

» Le Cœur de Jésus, Messieurs, ce n'est pas d'aujourd'hui qu'il nous réunit. La manifestation d'aujourd'hui n'est pas l'expression de sentiments nouveaux dans ce régiment. Votre consécration est faite. Vous l'avez faite à Patay; vous l'avez signée de votre sang. Cœur de Jésus, vous l'avez entendue ce jour-là. Nous la confirmons à cette heure.

» Le général de Sonis, celui qui vous a conduits à la bataille, celui qui a voulu un Zouave pour porter le drapeau du Sacré Cœur, celui qui vous a dit : *Faites voir ce que peuvent des soldats chrétiens. En avant!... Voici le moment ou jamais d'arborer votre étendard*, le général de Sonis a voulu vous conduire lui-même au Sacré Cœur de Jésus. Avec vous à la bataille, il a voulu s'associer à votre consécration et en formuler lui-même les paroles.

» Qu'elles deviennent, Messieurs, la for-

mule de votre consécration. Nous n'y chan-
gerons rien. Ces paroles pour nous sont sacramentelles.

» Glorieux drapeau, je vous salue ! Vous
avez vu mourir nos frères, vous êtes em-
pourpré de leur sang ; entendez nos serments, vous nous les rappellerez toujours. »

CONSÉCRATION DONNÉE PAR LE GÉNÉRAL
DE SONIS.

« O Jésus, vrai fils de Dieu, notre Roi et
notre frère, rassemblés tous ici au pied de
vos autels, nous venons nous donner plei-
nement à vous et nous consacrer à votre
divin Cœur.

» Vous le savez, Seigneur, nos bras se
sont armés pour la défense de la plus
sainte des causes, de la vôtre, Seigneur,
puisque nous sommes les soldats de votre
Vicaire.

» Vous avez permis que nous fussions

5

associés aux douleurs de Pie IX, et qu'a-
près avoir partagé ses humiliations, nous
fussions violemment séparés de notre Père.

» Mais, Seigneur, après avoir été chas-
sés de cette terre romaine où nous mon-
tions la garde au tombeau des saints Apô-
tres, vous nous prépariez d'autres devoirs,
et vous permettiez que les soldats du Pape
devinssent les soldats de la France.

» Nous avons paru sur les champs de
bataille, armés pour le combat. Votre Cœur
adorable, représenté sur notre drapeau,
abritait nos bataillons.

» Seigneur, la terre de France a bu notre sang, et vous savez si nous avons bien
fait à la patrie le sacrifice de notre vie.

» Beaucoup de nos frères sont morts,
vous les avez rappelés à vous parce qu'ils
étaient mûrs pour le ciel.

» Mais nous, nous restons, et nous ignorons le sort que vous nous réservez.

» Faites, mon Dieu, que la vie que vous nous avez laissée soit tout entière consacrée à votre service,

» Nous portons tous sur nos poitrines l'image de votre Sacré Cœur; faites que nos cœurs en soient l'image encore plus vraie; rendez-nous dignes du titre de soldats chrétiens.

» Faites que nous soyons soumis à nos chefs, charitables pour le prochain, sévères pour nous-mêmes, dévoués à nos devoirs, et prêts à tous les sacrifices.

» Faites que nous soyons purs de corps et d'âme; qu'ardents dans le combat, nous devenions tendres et compatissants pour les blessés.

» O Jésus, dans les dangers et dans les souffrances, c'est de votre divin Cœur que nous attendons notre plus puissant secours. Il sera notre refuge lorsque tous les appuis humains nous manqueront, et notre dernier soupir sera notre dernier acte d'espérance dans la miséricorde infinie.

» Et vous, ô divine Marie, que nous avons choisie pour notre Mère, à vous aussi nous avons rendu témoignage.

» Nos champs de bataille ont vu le long cortége des mères, des épouses et des sœurs en deuil ; et, lorsque de pieuses mains re-muaient la terre qui recouvre les morts, on savait reconnaître les nôtres à leur sca-pulaire.

» Soyez donc notre protectrice, et obte-nez-nous la grâce de nous tenir chrétien-nement unis à vous dans le Sacré Cœur de Jésus, durant la vie et à la mort, pour le temps et pour l'éternité. Ainsi soit-il. »

Dans une courte et chaleureuse proso-popée, Mgr Daniel releva cette admirable consécration, où la foi si profonde du chré-tien s'unit avec tant de simplicité et de franchise à la bravoure militaire :

« Notre général, nous voulons vous suivre partout, et nous sommes fiers de vous sentir près de nous aujourd'hui.

» Mais, en nous resserrant dans les liens intimes de notre famille, nous avons ici celui qui est au milieu de nous l'expression de sa foi et de son courage, et qui a toujours été l'âme du régiment.

» Mon général, » dit en finissant Mgr Daniel au baron de Charette, « c'est vous qui marchez à notre tête. Si les sentiments du général de Sonis sont les vôtres, si vous avez la confiance qu'ils expriment ceux de votre régiment, Notre-Seigneur au Saint Sacrement m'y autorise, je vous donne la parole pour les formuler. »

Le général, montrant le drapeau du Sacré Cœur, dit d'une voix posée, claire et fortement accentuée :

« A l'ombre de ce drapeau teint du sang de nos plus nobles et plus chères victimes,

moi, général baron de Charette, qui ai l'in-
signe honneur de vous commander, je con-
sacre la légion des Volontaires de l'Ouest,
les Zouaves Pontificaux, au Sacré Cœur de
Jésus, et, avec ma foi de soldat, je dis de
toute mon âme, et vous demande de le dire
tous avec moi : *Cœur de Jésus, sauvez la
France !* »

Cette consécration avait été précédée du
Veni Creator ; elle se termina par le chant
du *Magnificat.*

Inutile de parler de l'effet moral produit
par cette chevaleresque cérémonie. C'était
remonter aux jours de saint Bernard et de
Godefroy de Bouillon.

LICENCIEMENT

DES ZOUAVES PONTIFICAUX.

Ces braves rendaient leurs armes le 12 du mois d'août ; le lendemain, dimanche, ils assistaient, chefs et soldats, à une messe célébrée par Mgr Daniel, qui prononçait cette allocution :

« *Pax Domini sit semper vobiscum.*

» Nous allons donc nous séparer. Votre régiment est licencié ; son histoire pourrait finir ici, et certes elle serait belle et bien glorieuse. Depuis 1860, vous avez bien mérité de la France et de l'Eglise. Rien ne

vous a manqué : vous avez soutenu de ru-
des combats, vous avez eu d'immenses sacrifices à faire, vous vous êtes acquis de la
gloire, vous avez des martyrs. Votre légion
serait à jamais dissoute, qu'il nous faudrait
bénir Dieu de l'avoir formée, et certes vous
devez être fiers d'en avoir fait partie. Mais
votre tâche n'est pas terminée; pour les
yeux les moins clairvoyants, de grandes
choses se préparent; l'Eglise aura besoin
de vous, et, j'en suis sûr, vous répondrez
à son appel avec le même courage et le
même dévouement. Vous avez souffert
avec elle, vous l'avez servie dans le sang,
vous voulez la servir encore. Votre légion
licenciée ne mourra pas. Nous nous retrou-
verons; de nouveau vous serez réunis.
Tout n'est pas accompli, non, non! ce n'est
que commencé; vous vous retrouverez,
vous dis-je, c'est ma conviction.

» En attendant, portez chez vous l'exem-

ple des vertus qui ont fait votre force. C'est
la foi catholique qui vous a unis, qui sou-
tenait votre courage et conservait la discipline dans vos rangs. Conservez votre foi :
sans elle, point de dévouement parfait.
Montrez ce que vous êtes à ceux qui ne
vous aiment pas, vous les forcerez à vous
respecter, et ceux qui vous connaissent
verront de plus en plus qu'ils ont bien fait
de compter sur vous. — Soutenez-vous les
uns les autres, assistez-vous, encouragez-
vous. Conservez votre esprit, entretenez-
le; cela vous sera facile si vous vous rap-
pelez votre drapeau. Nous vous avons
consacrés tous au Sacré Cœur de Jésus.
C'est là que nous irons puiser des forces;
là, vous vous souviendrez de ce que vous
avez été, vous saurez ce que vous devez
être. C'est dans le Cœur sacré de Jésus que
nous vous donnons rendez-vous; là, tous
les jours nous penserons les uns aux au-

5.

tres, nous prierons les uns pour les autres.
Tous les jours, et je le demande à votre
bonne volonté, tous les jours nous récite-
rons ensemble le *Pater*, l'*Ave*, le *Credo* et
l'invocation *Cor Jesu sacratissimum, mise-
rere nobis...* Promettez-moi de ne point
m'oublier, je vous promets de prier pour
vous tous les jours.

» En vous quittant, chers amis, après
avoir vécu si longtemps avec vous, je ne
puis mieux faire que de prendre la prière
que Jésus-Christ adressait à son Père, et de
la faire pour vous. *Pater Sancte, serva eos...*
O Père saint, ô mon Dieu, conservez cette
légion, conservez-la dans son esprit, dans
les vertus qu'elle a montrées, dans sa foi,
dans son dévouement à l'Eglise et au
Pape. »

Après la messe, la légion formait le
carré dans la cour du séminaire, et le géné-

ral de Charette, entouré de tous ses officiers, lisait d'une voix forte et émue·cet
ordre du jour :

« ORDRE DE LA LÉGION.

» Du 13 août 1871.

» Le général porte à la connaissance de
la légion l'ordre du jour suivant de M. le
ministre de la guerre, général de Cissey :

« Officiers, sous-officiers et soldats,

» Au moment où la France a été envahie
» et accablée sous le poids des malheurs,
» vous n'avez pas hésité à venir lui offrir
» vos bras, votre cœur et le meilleur de
» votre sang. Partout où votre noble légion
» a combattu, principalement à Cercottes,
» à Brou, à Coulmiers, à Patay et au Mans,
» elle s'est distinguée au premier rang par
» son élan devant l'ennemi, son dévoue-
» ment, sa bonne discipline et son excel-

» lent esprit. Vous avez un noble courage
» qui vous fait le plus grand honneur,
» aussi bien qu'au vaillant général de Cha-
» rette, votre commandant et votre guide.
» L'armée vous en remercie par ma voix.
» La légion des Volontaires de l'Ouest va
» être licenciée ; mais avant de nous sépa-
» rer de vous, je suis sûr que la France
» pourra toujours compter sur votre dé-
» vouement contre les ennemis du dehors
» et du dedans.

     » Signé : Général DE CISSEY. »

     » Après un témoignage aussi flatteur ve-
nant de si haut, je n'ajouterai pas une parole, je craindrais d'en affaiblir la portée ;
mais ce que le ministre n'a pas cru devoir
vous dire, c'est qu'il nous avait offert la
plus belle récompense nationale que nous
puissions ambitionner, en nous proposant à
nous, corps de volontaires, d'entrer dans

l'armée régulière. Il a fallu des motifs bien
graves pour nous faire refuser l'honneur
qui nous était fait; mais, venus comme
Zouaves Pontificaux, nous ne nous croyons
pas le droit d'aliéner notre liberté, ni d'in-
troduire dans l'armée un uniforme qui
n'était pas à nous seuls; j'ai donc demandé
le licenciement.

» Vous allez rentrer dans vos foyers,
mais votre tâche n'est pas finie. Vous avez
combattu côte à côte, sur plusieurs champs
de bataille. Rappelez-vous que le sang
versé est un lien plus fort que tous les
serments; et si la France fait encore un
appel au dévouement de ses enfants, vous
serez tous là au premier signal. Le ministre y compte, et moi j'en suis sûr!

» Au revoir, mes chers camarades! C'est
le cœur profondément navré que je me sé-
pare de vous; ce n'est pas impunément que
l'on brise une existence de onze années où

tout a été mis en commun, joies, douleurs et sacrifices. Ne nous laissons pas cependant abattre. Il nous reste deux grandes choses : la foi dans notre cause, qui est celle de l'Eglise et de la France, et l'espoir du triomphe. Restons dignes de notre cause, et Dieu nous donnera le triomphe!

» Signé : Général DE CHARETTE. »

Après cette lecture, le général faisait entendre quelques paroles d'affection et de remerciements :

« Ce que je n'ai pu vous dire dans mon ordre du jour, mes chers amis, c'est que vous venez de donner au monde le plus bel exemple de foi, de dévouement et d'abnégation!

» Dans les tristes temps où nous vivons, le difficile n'est pas de faire son devoir, mais de le connaître; et je suis fier de vous dire que toujours et partout le régiment a fait le sien.

» Si nous nous séparons aujourd'hui, c'est volontairement, et pour nous conserver la liberté de répondre à l'appel de la France et à celui du Chef de l'Eglise. En agissant ainsi, nous restons fidèles au vieil adage de notre chère patrie : « Fais ce que » dois, advienne que pourra ! »

» Au revoir donc ! mes bons et chers amis. Je ne sais quelles sont les épreuves que Dieu nous réserve ; mais au jour marqué par la Providence nous nous réunirons de nouveau pour achever notre œuvre. Je compte sur vous, comme vous pouvez compter sur mon entier dévouement ; et avec toute l'effusion de mon cœur, je vous remercie tous, officiers, sous-officiers et soldats, et d'une manière toute spéciale, vous, mon colonel, des preuves d'affection que vous n'avez cessé de me donner durant

les onze années que nous avons passées ensemble.

» Séparons-nous, mais restons unis de
cœur !

» Vive la France !

› Vive Pie IX ! »

Cette chaleureuse improvisation provo-
quait une émotion générale ; elle était ac-
cueillie par les cris plusieurs fois répé-
tés de :

Vive la France !

Vive Pie IX !

Vive le général de Charette !

L'impression profonde causée sur ses au-
diteurs par son énergique et ardente parole, le général la subissait lui-même.
Tous ces cœurs vibraient sous le même
sentiment.

Au dernier moment, le général était encore une fois sorti du cercle des officiers; il semblait ne pouvoir se séparer de son cher régiment : « Je vous remercie tous, » a-t-il répété. « Dans ces derniers temps, vous avez montré une modération qui vous honore plus que votre plus grand courage. Je ne puis remercier chacun de vous; mais je vous remercie tous. Adieu!... Adieu!... »

Ce récit du *Journal de Rennes* est exact, et cependant qu'il est loin de rendre la vérité! A plusieurs reprises, la voix parut manquer au général. Sa parole était saccadée. Il avait peine à contenir son émotion. Les officiers semblaient entendre prononcer leur condamnation. Quand le général s'est adressé au colonel d'Albiousse en lui prenant la main, celui-ci s'est découvert et a fondu en larmes. Un moment, le général s'est écrié : « Je ne sais comment vous dire ce que j'éprouve. J'ai le cœur navré. Vous savez que je vous l'avais donné tout entier. Tout pour le régiment, c'était ma devise ! » Rien ne saurait rendre son accent, ni donner une idée de l'émotion de ceux qui l'entendaient.

Quand les soldats regagnèrent leurs quartiers, ils étaient pénétrés, silencieux et tristes. On n'eût pas reconnu, écrit un témoin, cette légion aux allures si martiales et si vives que nous admirions naguères.

Une correspondance de l'*Univers* ajoute, à la date du 14 :

« Ce matin, à trois heures et demie, on s'est réuni dans la cour de la caserne Saint-Georges. Il faisait à peine jour. On a donné à chaque homme son congé et sa feuille de route. Tout s'est passé avec le plus grand calme. Le général était là. Une dernière fois il disait adieu à ses Zouaves. Il les re-

gardait, d'un regard ému, s'éloigner tris-
tement, les uns après les autres, dans la
direction du chemin de fer.

» Le départ était pour cinq heures. Ils
étaient déjà plus de cinq cents dans la gare.
Pas de cris, pas de chants, pas de tumulte.
Tous avaient le cœur serré; chacun sentait
et se répétait à soi-même cette parole du général : « Que c'est dur, une séparation! »

» Les officiers qui doivent encore rester
quelques jours à Rennes avaient voulu venir à la gare pour accompagner leurs soldats. Ils leur serraient les mains, mais ne
se disaient point adieu. Tous se disaient :
Au revoir! tous se donnaient rendez-vous à
Rome autour du Saint-Père. Ils ont pris
pour devise dans ces jours d'épreuve :
In spe contra spem. »

CONCLUSION.

———

Revenons à Dieu. Comme les Volontaires Vendéens, comme les Zouaves Pontificaux, que les Prussiens appelaient les *Hirondelles de la mort*, allons recevoir le pain qui fortifie. Alors seulement nous serons invincibles, et nous irons délivrer nos frères d'Alsace et de Lorraine qui nous tendent les bras ; nous montrerons alors au soudard couronné et à ses maudits Allemands la valeur de la vieille France, de la France de Clovis, de Charlemagne et de saint Louis; nous leur apprendrons que la Révolution seule peut ouvrir à l'ennemi les portes de la Fille aînée de l'Eglise.

FIN.

TABLE.

FIN DE LA TABLE.

LIMOGES ET ISLE,
Imprimeries EUGÈNE 'ARDANT et C. THIBAUT.

www.ingramcontent.com/pod-product-compliance
Lightning Source LLC
Chambersburg PA
CBHW060559100426
42744CB00008B/1249